AF248348

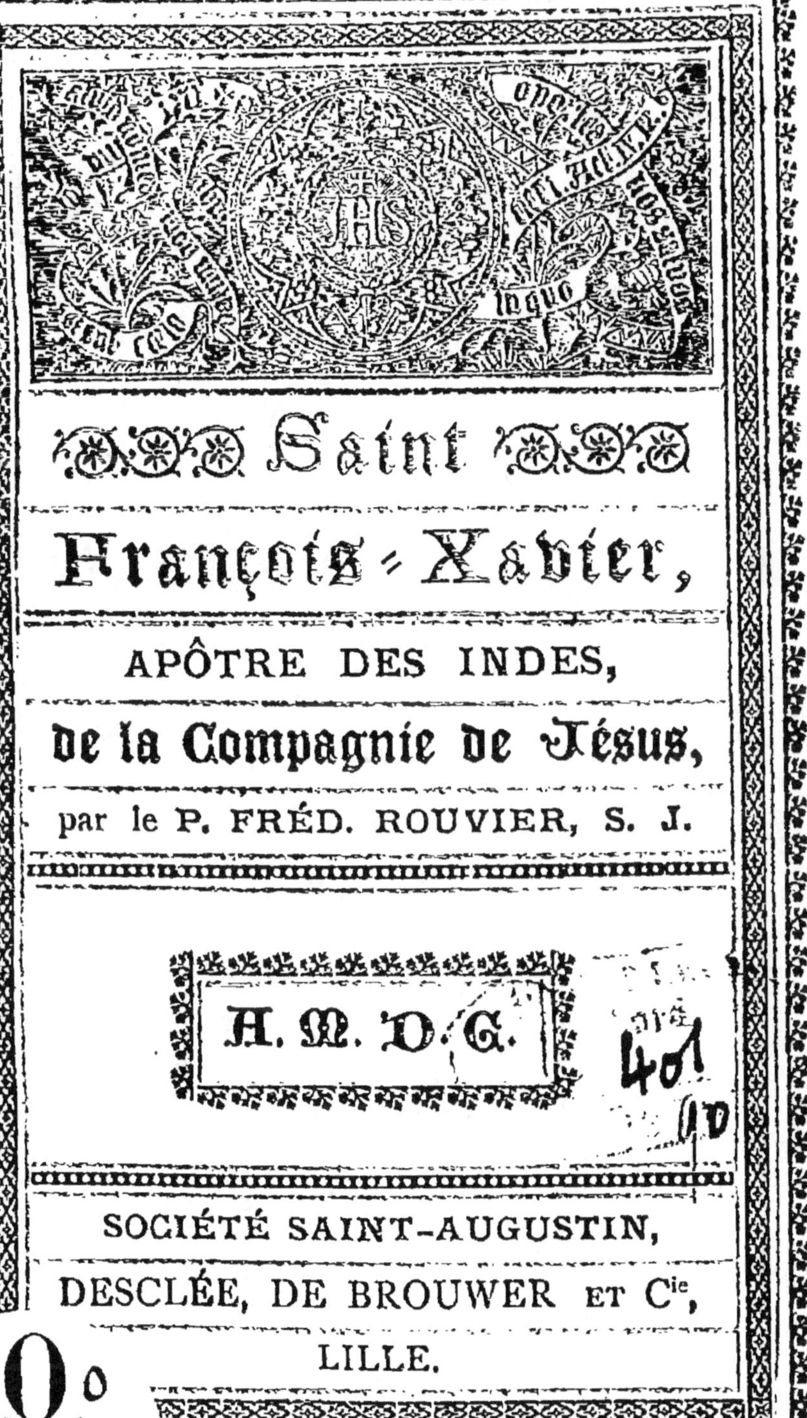

Saint

François-Xavier,

APÔTRE DES INDES,

de la Compagnie de Jésus,

par le P. FRÉD. ROUVIER, S. J.

A. M. D. G.

SOCIÉTÉ SAINT-AUGUSTIN,

DESCLÉE, DE BROUWER et Cie,

LILLE.

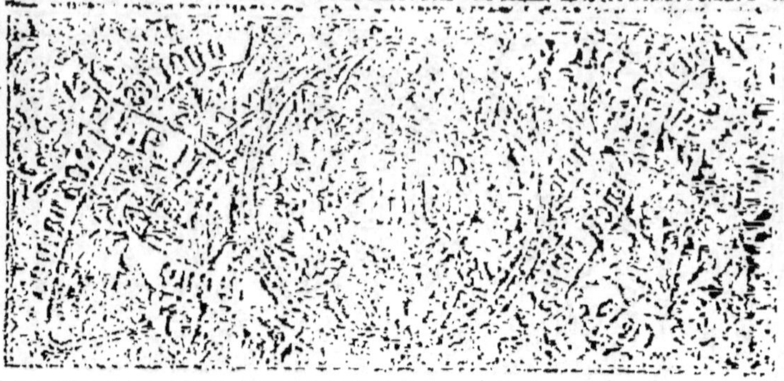

Saint François-Xavier.

Sancte Francisce Xaveri ora pro nobis

Saint François-Xavier,

APÔTRE DES INDES,

de la Compagnie de Jésus,

par le P. FRÉD. ROUVIER, S. J.

A. M. D. G.

SOCIÉTÉ SAINT-AUGUSTIN,

DESCLÉE, DE BROUWER et Cie,

LILLE.

Saint François-Xavier.

ONSEILLER intime et am-
bassadeur de Jean III de
Navarre, Jean de Jasso, grâce
à la faveur de son maître, avait
épousé une jeune fille de des-
dance royale, Marie, l'unique héritière des
ilcueta et des Xavier. C'est pour ne pas
ser tomber ce dernier nom dans l'oubli
il le donna au plus jeune de ses fils, Fran-
s : il ne prévoyait pas l'éclatante gloire qu'il
assurait ainsi. — L'enfant qui devait
mortaliser ce nom, naquit, le 7 avril 1506,
s un val des Pyrénées, tout près des fron-
es de France, au château-fort de Xavier,
t on lui destinait le fief. Comme ses frères,
evait suivre la carrière des armes ; mais de
ne heure ses remarquables dispositions
ir les lettres annoncèrent qu'il s'illustrerait
eurs que dans les combats.—Aussi sa famil-
'hésita-t-elle pas à l'envoyer étudier à Paris,
t l'Université était sans rivale en Europe
ù les écoliers accouraient de toutes parts.

François y arriva, âgé de dix-huit ans à peine (1524) et les succès qu'il y obtint prouvèrent bien que l'on n'avait pas trop auguré de lui. Ces succès effrayèrent-ils son père ou, comme d'autres historiens l'affirment, son séjour à Paris entraînait-il des charges que sa famille ne pouvait plus guère supporter? Toujours est-il que Jean de Jasso songea à rappeler son fils en Navarre. — Il abandonna cependant son projet à l'instante prière de l'abbesse des Clarisses de Gandie qui était sa fille aînée et qui lui annonça prophétiquement qu'un jour François convertirait les Indes à la foi.

Le brillant élève put donc poursuivre le cours de ses études : il les clôtura vers 1529 avec un grand éclat. Reçu maître ès-arts le même jour que Pierre Lefèvre, son saint ami, il fut immédiatement appelé à la chaire de philosophie du collège de Beauvais.

L'affluence qui se fit autour de son limpide et merveilleux talent caressait trop sa vanité pour être sans danger. L'orgueil n'était-il pas d'ailleurs d'autant plus à craindre que François avait moins à redouter les plaisirs des

sens, trop grossiers pour son âme élevée ? Il
se glissa en effet dans ce cœur de vingt-deux
ans et, enivré par les fumées de sa réputation
naissante, le jeune professeur ne sembla bientôt plus vivre que pour lui.

***

Un jour pourtant une voix grave se fit
entendre au milieu de l'applaudissement uni-
versel : « Que sert à l'homme de gagner l'univers, disait-elle, s'il vient ensuite à se dam-
ner ? » (¹)

Celui qui donnait à François cet austère
avertissement était un de ses compatriotes.
Né comme notre Saint dans le nord de l'Espagne, mais beaucoup plus âgé que lui, — il
avait alors près de quarante ans, — il était
venu étudier à Paris et il logeait au collège
Sainte-Barbe, tout près de Xavier. Il vivait
dans la pauvreté volontaire et dans une profonde obscurité. Aussi François n'eut-il

---

1. « Quid prodest homini si mundum universum lucre-
tur, animæ vero suæ detrimentum patiatur ? » *S. Matth.*,
XVI, 26.

d'abord pour lui que des mépris. C'est que sans s'être laissé gagner par l'hérésie, il entretenait cependant commerce avec plusieurs des doctes séducteurs qui la répandaient dans les milieux lettrés, et ces fréquentations dangereuses ne le prédisposaient guère à comprendre l'humilité chrétienne et ses sublimes abaissements.

Mais l'homme de génie, qui, d'un coup d'œil, avait découvert les richesses immenses enfouies dans l'âme de Xavier, avait autant d'inflexible énergie dans la volonté que de clairvoyance dans l'esprit. Il ne se rebuta point : bien loin de là. Il chercha à gagner la confiance du jeune maître, en lui recrutant des auditeurs, et la joute s'engagea pour la plus grande gloire de Dieu entre Ignace de Loyola, soutenu par la grâce divine, et Xavier, le pauvre captif du monde et de ses stériles applaudissements !

*
* *

« Que sert à l'homme de gagner l'univers...? » Tous les jours, cette parole calme, grave, solennelle, résonnait aux oreilles de François. Il y répondit plus d'une fois par d'amères railleries ; mais son âme était trop invinciblement ouverte aux grandes pensées pour se fermer à un langage si haut. Elle l'entendait, et cependant tout se révoltait en elle à la pensée de vivre loin de cette gloire dont elle avait savouré avec tant de délices les premières douceurs. La lutte fut longue et douloureuse : la sainteté ne s'achète-t-elle pas toujours ? Heureusement la grâce est toute-puissante quand on ne se soustrait pas volontairement à ses effets. Xavier se rapprocha d'Ignace ; puis, entraîné par l'exemple de Lefèvre, déjà gagné, il consentit à faire les *Exercices spirituels ;* de cette heure, il était vaincu ; le monde le perdait, et l'Église allait bientôt compter un grand conquérant d'âmes de plus.

François mit à faire les Exercices la générosité magnanime qu'il apportait à tout. Il s'adonna à l'oraison avec une telle ferveur qu'il y passa quatre jours entiers sans manger. L'une après l'autre, les saisissantes vérités qu'il méditait se gravaient profondément dans son âme d'où elles ne devaient plus s'effacer. C'était la récompense de l'ardeur qui portait Xavier à se livrer pieds et poings liés à la grâce et à la laisser maîtresse absolue de le façonner au gré de Dieu.

Lorsque cette longue retraite de quatre semaines prit fin, le travail de refonte était presque achevé : du brillant et hautain professeur il ne restait plus qu'un homme dont le cœur de feu était aussi affamé d'humiliations et de mépris qu'il avait été jusque-là avide d'applaudissements et de succès !

Réglant aussitôt sa vie sur ses nouveaux principes, François déclina l'offre d'un riche canonicat à Pampelune ; puis, son cours terminé, il descendit de sa chaire et, de maître redevenu disciple, il commença ses études de théologie (1532). — Ignace et Lefèvre s'y livraient en même temps que lui : ils les poursuivirent tous les trois de conserve, jusqu'au jour où Ignace crut devoir découvrir à ses jeunes amis, les projets qu'il méditait. A Lefèvre et à Xavier étaient venus s'adjoindre quatre autres étudiants : Laynez, Salmeron, Bobadilla et Simon Rodriguez. — Les six jeunes gens accueillirent avec un saint enthousiasme les ouvertures de celui qu'ils avaient choisi pour les guider dans la vertu et, d'un commun accord, il fut convenu qu'ils s'engageraient à renoncer à tous leurs biens, à passer en Terre-Sainte et, dans le cas où cela leur serait impossible, à se mettre à l'entière disposition du Pape pour servir l'Église où et comme il le déciderait.

Le 15 mars 1534, dans la demi-obscurité d'une petite chapelle souterraine de Montmartre, Xavier et ses compagnons, réunis autour d'Ignace, exécutèrent leur projet. Récemment ordonné prêtre, Pierre Lefèvre était à l'autel. Il reçut les vœux de ses amis et prononça les siens ensuite... C'était une nouvelle armée que l'Esprit-Saint levait : moins nombreuse que les soldats de Gédéon, elle n'en allait pas moins combattre victorieusement, elle aussi, terrasser dans la vieille Europe, une hérésie formidable et, grâce à Xavier, porter jusqu'aux extrémités du monde la croix et le nom de Jésus-Christ.

***

En général consommé et que rien ne presse, Ignace exigea que Xavier et ses compagnons finissent leurs études de théologie. Obligé de

passer en Espagne d'abord, en Italie ensuite,
il ne les appela dans ce pays que vers la fin
de 1536. Xavier, parti de Paris le 15 novembre avec ses amis, faillit être arrêté en route
dès les premiers jours. Dans l'excès de sa
mortification, il s'était entouré les jambes de
fines cordelettes qui ne tardèrent pas durant
la marche à entrer profondément dans
les chairs. Un chirurgien consulté déclara
qu'on ne les pouvait pas retirer sans danger.
Heureusement Dieu fit par miracle ce que
l'habileté humaine avait été impuissante à
accomplir : les cordelettes tombèrent d'elles-
mêmes pendant la nuit. On put donc continuer le voyage, quoique au prix de bien des
fatigues et de mille dangers, et, le 6 janvier
1537, les pèlerins arrivèrent à Venise où
Ignace les reçut.

En attendant qu'ils pussent s'embarquer
pour la Palestine, il les répartit dans divers
hôpitaux. Celui des Incurables étant échu à
notre Saint, François en fit le théâtre de son
zèle pendant toute une année. Il s'en absenta
deux fois néanmoins: la première, pour aller à
Rome avec ses compagnons afin d'y recevoir

la bénédiction du Pape ; la seconde, pour se préparer, à Monsélice, près Padoue, par une retraite de quarante jours à sa première messe ; car il avait été ordonné prêtre après avoir renouvelé ses vœux entre les mains du nonce Véralli.

François célébra cette messe à Vicence, où, épuisé de fatigues, il tomba malade quelques jours après. Saint Jérôme, auquel il était fort dévot, lui apparut et le guérit. Mais sans pitié pour lui-même, Xavier ne tarda pas à rechuter (1538) : il était alors à Bologne où Ignace l'avait envoyé. En vain, Jérôme Casalini, curé de Sainte-Luce, dont la vénération pour François était sans bornes, le suppliait-il de prendre quelques ménagements. L'infatigable ouvrier n'en faisait rien et, grelottant de fièvre, il n'en continuait pas moins à confesser et à prêcher pendant toute la journée : il aurait fini par tomber sur ce champ de bataille, si Dieu, par l'organe d'Ignace, en l'appelant à Rome, n'avait lui-même interrompu ces excessifs travaux.

La Providence ouvrait ainsi la voie à ses desseins mystérieux ; pendant que Xavier reprenait des forces, tout en s'occupant de divers ministères à Saint-Laurent in Damaso, elle poussait Jean III de Portugal à solliciter du Pape pour ses possessions d'outre-mer quelques-uns de ces ouvriers évangéliques, dont son envoyé Govea lui vantait si fort la science, le zèle et les succès. Paul III accueillit favorablement la royale demande : à sa prière, Ignace désigna donc Rodriguez et Bobadilla pour passer en Portugal. Le premier s'y rendit immédiatement par mer, le second devait prendre la voie de terre en même temps que l'ambassadeur Mascaregnas qui rentrait à la cour. Mais sur le point de partir, Bobadilla tomba si gravement malade qu'il lui fut impossible de se mettre en route, et Xavier fut désigné par Ignace pour le remplacer.

*
* *

Prévenu la veille du départ à peine, le nouveau missionnaire quitta Rome, le 15 mars 1540. Il emportait pour tout bagage un bréviaire et son crucifix ; mais il partait muni de la bénédiction du Pape, et son cœur débordait d'allégresse, car il savait bien qu'il allait au poste où la Providence le voulait. Dieu ne le lui avait-il pas assez signifié par ces songes jusque-là inexplicables, mais dont il pénétrait bien le sens maintenant ? Il s'y était vu, les épaules chargées d'un nègre ; il avait aperçu, s'étendant au loin devant lui des mers, des îles et de vastes continents ; il avait compris quelque chose des immenses fatigues, des souffrances sans nombre que Dieu lui réservait et, loin de se décourager, il n'avait répondu que par ce cri d'amour, qu'au milieu de la nuit, Rodriguez avait entendu, sans le comprendre : « *Amplius, Domine, amplius :* Encore plus, Seigneur, encore plus ! » Puisque l'heure était venue d'entamer ces travaux apostoliques, comment sa grande âme n'en eût-elle par tressailli d'aise et de bonheur?

Mascaregnas et sa suite se rendirent à Lisbonne par Lorette, Bologne, le midi de la France et les provinces basques. — En traversant ce dernier pays, l'ambassadeur pressa François de s'arrêter quelques jours au château de Xavier ; mais le Saint n'en voulut rien entendre et il continua sa route sans fléchir.

Il arriva à Lisbonne vers la fin du mois de juin. C'était pour lui neuf ou dix mois à attendre, car la flotte ne devait appareiller qu'au printemps suivant. Jamais sa charité ne se fût résignée à demeurer si longtemps inactive. Comme à Venise, à Bologne et à Rome, on le vit donc sur les bords du Tage donner un libre essor à son zèle et se livrer à toutes sortes de travaux.

Le Roi lui avait offert un logement dans son palais ; fidèle aux instructions d'Ignace, à cette demeure somptueuse François préféra la maison commune des pauvres, l'hôpital. En compagnie de Rodriguez, il y soignait les malades, les consolait doucement ou s'en allait quêter pour eux, en mendiant son propre pain. Sur les instances de Jean III, il consentit néanmoins à s'occuper de la cour en même temps : elle s'en ressentit bien vite et en fut presque transformée. Les classes moyennes suivirent la même pente : bientôt peuple, bourgeois et grands seigneurs se pressèrent à l'envi autour de Xavier et de Rodriguez ; en eux on salua des « Apôtres », et ce nom glorieux, conquis alors par leur zèle, est resté en Portugal le nom de tous leurs successeurs.

François fut effrayé d'un pareil succès. Vrai fils de la Compagnie de Jésus, la persécution l'eût trouvé plus ferme, car « elle est, disait-il souvent, la marque indéniable des serviteurs de Jésus-Christ ». D'autre part, le roi se demandait si, au lieu d'envoyer des hommes aussi puissants en œuvres dans les Indes, il n'était pas plus expédient pour le bien de son royaume de les retenir en Portugal. — Toujours en garde contre un excessif enthousiasme, Ignace trancha la question avec son bon sens admirable : il donna l'ordre à Rodriguez de demeurer à Lisbonne et il prescrivit à Xavier de partir pour Goa.

*
* *

Le 7 avril 1541, la flotte mit à la voile sous la conduite du vice-roi des Indes, Don Alphonse de Souza. Avant de s'embarquer François, alors âgé de 35 ans à peine, avait reçu des mains mêmes du Roi les bulles pontificales qui le nommaient Nonce apostolique dans l'Extrême-Orient. Cette haute dignité ne lui fit rien changer à son existence : comme il avait mendié son pain en Italie et dans les rues de Lisbonne, il le mendia pendant toute la traversée sur le vaisseau-amiral. Il enseignait le catéchisme aux passagers les moins instruits ; les jours de fête, quand le temps était beau, monté sur quelques rouleaux de cordages jetés au pied du grand mât, il prêchait à tous la nécessité de la pénitence à cause de l'instabilité de la vie : grave avertissement en face de cette immense nappe azurée, tranquille mais changeante, si souvent devenue un linceul pour tant de naufragés.

Quand le scorbut éclata, bien que gravement atteint lui-même, — car il resta trois jours dans le délire, — François se dévoua sans réserve auprès de ceux qui furent frappés. En mer d'abord, à Mozambique ensuite où l'on fut contraint d'hiverner, il se fit pendant dix mois le serviteur de tous. Rien ne pouvait le rebuter ; nuit et jour, il était au service de ceux qui l'appelaient. Lorsque Alphonse de Souza reprit la mer, il serait volontiers resté enfermé dans les hôpitaux improvisés de l'île; mais le vice-roi ne le voulut pas permettre :

François se remit donc en route et, après avoir encore exercé son zèle à Mélinde et à Socotora où l'on toucha successivement, il arriva enfin à Goa, le 6 mai 1542 ([1]).

*
* *

Cette ville, capitale de l'empire portugais aux Indes, était alors à l'apogée de sa splendeur. Mais la corruption la plus impudente l'avait depuis longtemps envahie ; le débordement des mœurs, la vénalité de la justice, l'exaction et le vol dans le recouvrement des impôts la déshonoraient. Le mal était si profond qu'il paraissait sans remède. En vain, l'évêque de Goa, Jean d'Albuquerque, en pieux fils de St-François, essayait-il de l'enrayer: on se moquait de ses adjurations comme de ses menaces et les vice-rois eux-mêmes

---

1. Le 7 juillet 1497, Pierre de Couillan, religieux de la Trinité, au moment d'expirer sous les flèches dont les Indiens idolâtres l'accablaient, fit la prédiction suivante : « Dans peu d'années il naîtra en l'Église de Dieu une nouvelle religion de clercs, qui portera le nom de JÉSUS; et un de ses premiers pères, conduit par le Saint-Esprit, pénétrera jusqu'aux contrées les plus éloignées des Indes Orientales, dont la plus grande partie embrassera la foi orthodoxe par le ministère de ce prédicateur évangélique » — V.P.-Bouhours, *Vie de saint François Xavier*, livre II.

n'étaient guère plus écoutés. C'est alors que Xavier arriva aux Indes : sa sainteté allait faire ce que l'évêque et les vice-rois n'avaient pas pu mener à bonne fin.

Comme à l'ordinaire, l'humble Nonce apostolique prit logement à l'hôpital. De ce poste d'observation, il étudia tout d'abord la position : elle lui parut trop forte pour être immédiatement attaquée ; quelques travaux d'approches étaient nécessaires. François commença donc à consacrer tout son temps aux malades, particulièrement aux lépreux ; il visita les prisons ; une clochette à la main, il parcourut les places publiques, réunissant les enfants pour leur faire le catéchisme ; puis lorsque par ces ministères il eut bien prouvé qu'il ne venait pas aux Indes pour y faire un vain étalage de puissance, mais pour y conquérir des âmes et pour les aider à se sauver, il se jeta résolument dans la mêlée et marcha droit à l'ennemi.

L'effet de ses premières prédications fut immense. Sa forte éloquence secondée par son inaltérable aménité lui gagna rapidement tous les cœurs. Surpris dans leur vie licencieuse, honteux de leurs désordres, les pécheurs les plus scandaleux venaient se jeter à ses genoux. — On vit alors le mouvement se communiquer de proche en proche ; le bien se propagea de tous côtés, — car comme le mal il est contagieux à certaines heures, — et bientôt la ville entière sembla presque complètement changée, tant les conversions y avaient été nombreuses et les retours à une vie chrétienne publiquement avoués.

Cinq mois avaient suffi au missionnaire pour accomplir ce merveilleux travail. Il y mettait la dernière main, quand Michel Vaz, vicaire-général des Indes, lui parla de la côte de la Pêcherie et des Paravers qui l'habitaient : il n'en fallait pas autant pour enflammer son cœur d'apôtre et sans retard François prit ses mesures afin de passer au pays où son zèle l'attirait.

*_**

Du cap Comorin qui forme la pointe extrême dans le Sud du grand triangle indien, la côte de la Pêcherie s'étend au Nord sur la partie orientale de la vaste presqu'île, en face du golfe de Sennar. Là vivait, assez clair-semée, une population nombreuse pourtant, les Para-vers. Plongeurs habiles, autant qu'intrépides, ils pêchaient l'huître perlière; leur vie était dure et pénible, mais leurs mœurs avaient gardé de la simplicité. Ces braves gens devaient être dans la foi les premiers nés de François Xavier.

L'apôtre arriva parmi eux vers le mois de novembre 1542. Parti de Goa en octobre avec deux jeunes clercs indigènes qui parlaient le malabar, il était descendu jusqu'à Comorin dans une galiote portugaise ; après avoir converti, grâce à la guérison miraculeuse d'une femme, un village idolâtre, il s'était mis à remonter la côte, tantôt en plein soleil, tantôt sous la voûte ondoyante des grands cocotiers, mais toujours en suivant le rivage et par conséquent à travers des sables brûlants. C'est ainsi qu'il atteignit Tutticorin.

Aussitôt il se mit à l'œuvre. Il nous a raconté lui-même dans une de ses lettres comment il procédait en pareil cas.

« Nous traduisîmes d'abord avec beaucoup de peine un catéchisme en malabar. Lorsque je l'eus appris, je me mis à parcourir toutes les bourgades de là côte, une sonnette à la main, assemblant ainsi autour de moi les hommes et les petits enfants. Deux fois par jour, je leur expliquais le catéchisme. Au bout d'un mois, les enfants le savaient par cœur parfaitement. Je leur recommandais ensuite de répéter ce qu'ils avaient appris à leurs pères, à leurs domestiques et même à leurs voisins.

« Le dimanche, je réunissais à l'église les hommes et les femmes, ainsi que les enfants... Alors, je commençais au nom de la sainte Trinité à réciter à haute et intelligible voix en langue malabare, l'Oraison dominicale, la Salutation angélique, le Symbole des Apôtres; tous les répétaient après moi... Je redisais encore seul le Symbole et j'insistais sur chaque article ; puis je demandais à chacun des auditeurs s'il croyait sans hésiter ce que sa bouche venait de prononcer et chacun, se croisant les mains sur la poitrine, répondait affirmativement...

« Pour inculquer le Décalogue, voici ce que je fais : nous chantons le premier commandement: *Un seul Dieu tu adoreras*, et nous faisons ensuite cette prière : *JÉSUS-CHRIST, fils du Dieu vivant, faites que nous vous aimions par-dessus tout.* Nous ajoutons aussitôt l'Oraison dominicale, puis nous chantons tous ensemble un couplet de cantique ainsi conçu : *Sainte Marie, mère de JÉSUS-CHRIST, obtenez-nous de votre Fils d'observer soigneusement ce premier commandement.* Ce couplet est suivi de l'*Ave Maria.* Nous agissons de même pour tous les autres commandements...

« En ce qui est du baptême, je fais réciter la confession générale à tous les catéchumènes qui vont le recevoir... J'ai coutume de leur rappeler brièvement ensuite en langue malaise les principaux points de la doctrine chrétienne nécessaires au salut. C'est après les avoir ainsi préparés que je leur confère le Sacrement. Je termine par le *Salve Regina* pour obtenir le secours et la protection de la sainte Vierge sur nous ([1]). »

Comme on le voit l'apôtre ne s'épargnait guère ; mais Dieu ne lui ménageait pas davantage son aide toute-puissante, ni par con-

---

[1]. *Lettres de saint François-Xavier.* Lyon, Périsse, 1828. t. I, Lettre XIV.

séquent le succès. Beaucoup de malades étaient guéris au moment même où on les baptisait ; aussi les conversions étaient-elles innombrables. « Je ne puis pas vous faire mieux comprendre, écrivait Xavier, la foule de ceux que j'ai régénérés qu'en vous disant que souvent les bras m'en sont tombés de fatigue, car j'ai bien des fois conféré le baptême à des bourgades entières dans un seul jour. A force de répéter le Symbole et les prières, j'avais la voix éteinte, et la défaillance me gagnait (1). »

Détail touchant : les enfants furent les auxiliaires les plus actifs de notre Saint à la Pêcherie. Armés qui du crucifix de François, qui de son reliquaire, qui de son chapelet, ils se répandaient de toutes parts. Missionnaires improvisés, ils défiaient hardiment les païens à la dispute, brisaient les idoles et les foulaient aux pieds. Ils enseignaient dans les maisons, dans les rues, dans les faubourgs. D'autres fois, ils précédaient Xavier dans un village et ils en préparaient les habitants à sa venue. Ils n'hésitaient même pas à recourir

---

1. *Lettres de saint François-Xavier*, t. I, Lettre XIV.

au miracle, si entière était leur confiance et si grande éclatait leur foi ! « Lorsqu'ils arrivaient auprès des malades, rapporte le Saint lui-même, ils convoquaient tous les voisins. Après leur avoir fait réciter le *Credo*, ils cherchaient à exciter dans les infirmes la confiance et l'espérance en Dieu. Puis, ils récitaient les oraisons de l'Église... Et Dieu, fléchi par ces prières, a souvent rendu la santé aux malades, en les guérissant de leurs infirmités spirituelles ([1]). »

Au bout d'un an, notre Saint crut le moment venu d'aller chercher du renfort à Goa. Il laissa aux mains de ses deux compagnons les chrétientés naissantes et vers les derniers jours de décembre, il descendit jusqu'à Comorin dans une de ces frêles barques dont les Paravers se servaient.

La fin de janvier 1644 le vit arriver à Goa ; il ne resta dans cette ville que le temps nécessaire pour réorganiser le séminaire des enfants convertis qui devait, quatre ans après,

---

1. *Lettres de saint François-Xavier*, Lettre XIV.

passer dans les mains de la Compagnie sous le nom bien connu de Séminaire de Sainte-Foi. Puis il se rembarqua pour la Pêcherie, emmenant avec lui le P. Mansilla, deux prêtres indigènes et un prêtre basque récemment arrivé d'Europe, Jean d'Ortiaga. Il les échelonna le long de la côte, en leur partageant la mission nouvelle ; pour lui, toujours épris de travaux plus rudes, il s'enfonça résolument dans l'intérieur des terres. Il y eut beaucoup à souffrir. Mais déjà il commençait à y moissonner, quand il fut subitement rappelé vers la côte. Surpris par une brusque invasion des Badages, leurs belliqueux voisins, les Paravers avaient quitté tout éperdus la terre ferme et s'étaient réfugiés sur des îlots de sable où ils mouraient de faim. — A cette nouvelle, Xavier, qui avait pour ses néophytes des entrailles de mère, accourut aussitôt ; il ranima le courage des pauvres pêcheurs de perles, obtint pour eux des secours des Portugais, les ramena dans leurs villages à moitié détruits et ne les quitta qu'après les avoir vus complètement rassurés.

Au lieu de gagner l'intérieur, il suivit cette

fois le rivage jusqu'à Comorin ; de là, il remonta la côte occidentale de la presqu'île faisant face à la mer d'Oman. Les peuples qui habitent entre cette mer et les montagnes du Travancor furent les premiers qu'il évangélisa dans cette contrée : il le fit avec un tel succès qu'il bâtit quarante-cinq églises en peu de temps et que, d'après son propre témoignage, il baptisa de sa main jusqu'à dix mille personnes dans un seul mois. C'est alors que Dieu lui accorda le don des langues. Ceux qui accouraient pour l'entendre parlaient parfois des dialectes différents ; ils étaient trop nombreux aussi pour qu'on les pût réunir dans un édifice, si grand qu'il fût. François les menait dans la campagne : là, en face de ces merveilleux paysages du sud de l'Inde, sous le dôme verdoyant des palmiers ou d'autres fois à l'abri d'une humble voile de pêcheurs, le front rayonnant, l'âme embrasée, il offrait la Divine Victime, puis il expliquait les mystères de la religion. A quelque langue qu'ils appartinssent, tous ses auditeurs le comprenaient.

Le zèle de l'apôtre s'exerçait donc avec le

plus grand fruit. Soudain l'effroi se répandit dans toute la contrée : les pillards qui avaient ravagé la Pêcherie approchaient. Mieux aguerries, plus habilement conduites, leurs nombreuses bandes s'avançaient pour conquérir le Travancor. L'issue de l'invasion ne semblait malheureusement pas douteuse ; mais, le jour de la bataille, Xavier, qui venait de passer de longues heures en prières, se relève ; suivi de quelques indigènes baptisés, il se précipite, un crucifix à la main, au-devant de l'ennemi : « Au nom du Dieu vivant, s'écrie-t-il, je vous défends d'avancer. » — A ce spectacle les premiers rangs des Badages se troublent. Comme si quelque vision effrayante leur eût apparu, ils sont pris de terreur et se débandent ; le désordre se communiquant au reste de l'armée tourne bientôt en panique, et les envahisseurs disparaissent pour jamais.

Ce fait merveilleux donna à François une autorité sans égale dans le Travancor. Le roi fit proclamer à son de trompe que la pratique de la vie chrétienne était désormais libre en son royaume. Mais, retenu lui-même dans l'erreur, par de tristes et honteux liens il ne se convertit pas à la vraie religion.

***

Pendant que François travaillait ainsi dans le sud du Malabar, les habitants de l'île de Manaar lui expédièrent quelques envoyés pour le prier de venir les instruire dans la vérité. Cette île est située sur le flanc occidental de Ceylan ; Xavier n'y pouvait point passer, mais il y envoya un des prêtres laissés à la Pêcherie. Les Manarois l'accueillirent avec joie ; ils se convertirent et, la persécution s'étant déchaînée sur eux fort peu de temps après, plus de six cents de ces nouveaux chrétiens payèrent du sacrifice de la vie leur fidélité à leur nouvelle foi.

C'était un tyran, usurpateur du trône de Jafanapatan, qui avait ordonné cette moisson sanglante. Afin que la diffusion du catholicisme n'en fût pas arrêtée, Xavier pensa qu'une telle cruauté ne devait pas rester impunie. Depuis quelque temps, il méditait d'aller trouver le Vice-roi des Indes pour lui demander de porter remède à de trop nombreux abus. Le massacre de Manaar lui imposait une obligation plus pressante encore d'entreprendre ce voyage. Laissant donc le Travancor sous la direction du P. Mansilla, qu'il venait d'y mander, il partit à pied pour Cochin, où il entra le 16 décembre 1544, après avoir donné le baptême tout le long du littoral [1].

C'est de Cochin probablement qu'il écrivit cette lettre fameuse adressée à l'Université de Paris et par laquelle il conjurait les docteurs de venir prêcher l'Évangile aux peuples idôlâtres, au lieu de se livrer à de vaines et stériles subtilités. Avec la sainte liberté des apôtres, il écrivit aussi à Jean III de Portugal pour lui dénoncer certains abus et pour en solliciter la répression :

« Sire, disait-il au Roi, Votre Majesté doit bien se persuader de cette grande vérité que la Providence l'a choisie entre tous les princes chrétiens de la terre, bien moins pour faire la conquête des Indes que pour éprouver sa fidélité et sa reconnaissance dans l'accomplissement des desseins divins. Elle doit être

____
1. *Lettres de saint François-Xavier.* Lettre XLI.

convaincue que si Dieu a fait choix de sa personne, ce n'est pas tant pour enrichir ses coffres des productions précieuses et des trésors de l'Orient que pour donner à ses vertus héroïques, à son zèle ardent, à l'intelligence de ses ministres, l'occasion de réduire ces contrées infidèles sous l'empire de la croix, du Créateur et Rédempteur de l'univers...

« Que V. M. se rende donc un compte exact des produits et richesses que Dieu lui prodigue et qu'elle retire de ces contrées ; qu'elle en déduise ce qu'elle dépense ici pour le culte et le service divin. Alors après avoir prudemment réduit toute chose à une juste valeur, que V. M. fasse un partage légitime entre elle et Dieu (¹) ... »

Michel Vaz se chargea de porter cette lettre à Lisbonne et de la remettre au Roi. Tandis que ce prêtre vénérable entreprenait ce voyage qui devait obtenir un plein succès, Xavier s'embarqua et, longeant toute la côte de l'Inde, il monta jusqu'à Cambaye, près de Surate, où le Vice-roi se trouvait en ce

---

1. *Lettres de saint François-Xavier.* Lettre XLII.

moment. Chemin faisant, il convertit un gentilhomme dont les débauches n'étaient que trop notoires, en se flagellant rudement pour lui. — A cette première consolation, s'en joignit une autre plus profonde : Don Alphonse de Souza entrant pleinement dans les desseins de l'apôtre, fit expédier des ordres précis pour les gouverneurs des possessions portugaises dans le Sud et il les remit au missionnaire qui, nanti de ces instructions, reprit immédiatement la mer pour aller à Négapatan où la flotte expéditionnaire devait se réunir.

En passant en vue de l'île de Manaar, il y toucha pour vénérer cette terre qui venait de boire le sang des martyrs. La peste y sévissait; il la fit miraculeusement cesser ; malheureusement il eut moins de pouvoir sur la mauvaise volonté des officiers de la flotte. Il ne put la vaincre et l'expédition avorta.

****

Empêché par les moussons de retourner au Travancor, Xavier conçut le projet d'aller porter la bonne nouvelle dans le sud de l'île de Célèbes à Manaçar où, lui affirmait-on, il trouverait des populations entièrement prêtes à la bien recevoir. Il ne voulut pas s'y décider toutefois, avant d'avoir prié sur le tombeau de son prédécesseur aux Indes, le glorieux apôtre S. Thomas et il se rendit par la voie de terre à Méliapour (¹) d'où il s'embarqua au commencement de Septembre 1545 pour Malaca.

Le 25 du même mois, il était en vue de cette ville, après avoir traversé sur un méchant navire tout le golfe du Bengale et longé la côte nord de Sumatra. Un marchand converti, Jean Deyro, l'accompagnait en qualité de catéchiste. La dissolution des mœurs était grande à Malaca ; Xavier employa pour la combattre les mêmes moyens qu'à Goa ; ils ne lui réussirent pas moins ; mais les habitants ne persévérèrent pas longtemps dans leur vie nouvelle, en sorte que l'apôtre put leur prédire à l'avance les châtiments qui les attendaient : une guerre, suivie d'une effroyable peste, qui en effet jeta plus tard la désolation dans leurs murs.

---

1. Aujourd'hui San-Thomé, à 9 kilomètres au sud de Madras,

***

Pendant trois mois Xavier attendit en vain l'occasion de passer à Manaçar. — Comme un prêtre y avait été envoyé l'année précédente, il renonça momentanément à y aller lui-même et il prit le parti de se diriger du côté des Moluques pour lesquelles il fit voile de fait, le 1er janvier 1546, en compagnie de Deyro.

Amboine et son groupe, Baranura, Rosalao et Ulate, furent les premières îles où il prêcha. Muni du catéchisme qu'il avait composé à la Pêcherie et qu'il venait de faire traduire en malais, le Saint appareilla de là pour Ternate, la principale des petites Moluques, puis pour l'île du More (nord de Célèbes) d'où, rebroussant chemin par Ternate et Amboine encore, il revint, après un an et demi, à Malacca (juillet 1547). Partout, sauf à Rosalao, son zèle ardent avait enfanté des merveilles et fait surgir de florissantes chrétientés. A Amboine, revivifiée dans la vraie foi, Xavier s'était prodigué sans compter auprès des matelots d'une escadre sepagnole décimés par le typhus. Dans Ulate convertie, il avait fait cesser une sécheresse qui allait livrer la ville à ceux qui l'assié-geaient. A Ternate, toute l'île avait été trans-formée. A Célèbes enfin, des villes entières, Tolo et Montmaya, par exemple, avaient em-brassé la vérité.

L'infatigable apôtre ne s'arrêta que quel-ques jours à Malacca : il y rencontra les PP. Beira, Nugnez et Ribera qu'il avait appelés aux Moluques et qui se rendaient au poste qu'il leur avait assigné. Bien qu'il eût reçu un ordre semblable, le P. Mansilla avait cru pré-férable de continuer l'œuvre, très féconde du reste, à laquelle il travaillait. Inflexible sur l'obéissance, Xavier le renvoya sans pitié de la Compagnie, quand il rentra à Goa.

C'est pendant ce séjour à Malacca que, dans un ravissement qui le saisit au milieu d'un sermon, il annonça, au moment même où elle était remportée à une grande distance, la merveilleuse victoire de sept pauvres fustes portugaises contre l'imposante flotte du sultan d'Achem : est-il besoin d'ajouter qu'avant leur sortie du port ces fustes délabrées avaient été bénies par lui, et que c'était sur son conseil exprès qu'elles avaient cinglé droit à l'ennemi ?

C'est à Malacca aussi que Xavier vit pour la première fois Anger, ce japonais si connu après son baptême sous le nom de Paul de Sainte-Foi et dont la rencontre allait déterminer le voyage du Saint au Japon. François l'envoya à Goa, en même temps que quelques jeunes gens qu'il ramenait des Moluques pour les faire mieux instruire dans la foi, et après avoir essuyé une violente tempête à la hauteur de Ceylan, il mouilla devant Cochin (21 janvier 1548), d'où il passa une fois encore à la Pêcherie, avant de rentrer à Goa.

Chez les Paravers, il trouva les PP. Henriquez et Ant. Criminal. Il confia la charge de supérieur de la mission à ce dernier, qui devait quinze mois après avoir la gloire d'empourprer le premier de son sang le chaste manteau de la Compagnie de Jésus, sa mère. Puis, lui laissant des instructions admirables de sagesse et de bon sens pratique, il franchit le détroit, convertit à Ceylan le roi de Candée et toucha terre à Goa (20 mars 1548), d'où il remit immédiatement à la voile pour aller trouver à Bazain, dans le golfe de

Cambaye, le nouveau vice-roi des Indes, Jean de Castro.

***

Il rentra bientôt dans la capitale, où Castro ne vint le rejoindre que pour mourir entre ses bras. Pendant près de cinq mois il s'y livra à toutes les œuvres de la charité. L'amour de Dieu semblait croître de plus en plus dans son âme, si bien qu'incapable d'en supporter les ardeurs, il était obligé en quelque sorte de demander grâce. « C'est assez, Seigneur, c'est assez », l'entendait-on dire parfois en entr'ouvrant sa misérable soutane, comme pour donner de l'air à sa poitrine embrasée... Sous l'impulsion de cette charité si vive, il organisait tout pour aller prêcher JÉSUS-CHRIST au Japon. Avant d'entreprendre cette traversée lointaine, il désira cependant revoir ses Paravers bien-aimés : il s'embarqua donc pour la Pêcherie (9 sept. 1548), qu'il ne quitta que pour aller conférer à Bazain avec le vice-gouverneur intérimaire, Garcia de Sa. Puis il envoya Gaspard Barzée à Ormuz, nomma le P. Antoine Gomez recteur du Collège, confia au P. de Camerin le soin de la mission et, tout étant bien réglé, il prit enfin la mer (avril 1549) pour aller au Japon par Cochin et Malacca. Il emmenait avec lui Paul de Sainte-Foi et ses deux serviteurs, le P. Cosme de Torrez et le P. Fernandez.

****

Lorsque, le 13 août 1549, le Saint jeta l'ancre dans la rade de Kagosima, au sud de Kiou-Siou, l'enfer dut trembler sans doute, en voyant le redoutable athlète qui descendait dans la lice pour se mesurer avec lui. Xavier commença par faire traduire en japonais le petit catéchisme des Paravers ; il l'apprit ensuite par cœur, répétant sa leçon quotidienne, bégayant ces mots inconnus, étudiant la grammaire comme un enfant l'eût fait.

« Nous sommes redevenus des enfants, écrivait-il en effet alors ; puissions-nous avoir aussi leur innocence et leur simplicité ! »

La famille de P. de Sainte-Foi offrit à Xavier les prémices de son apostolat au Japon. Il y conféra plusieurs baptêmes ; puis, suffisamment maître de la langue pour paraître en public, il fut présenté au roi de Saxuma dont Kagosima dépendait. Non seulement ce prince l'accueillit avec bienveillance, mais il lui accorda même toute liberté pour prêcher la religion dans ses États.

Cette autorisation, la guérison subite d'un enfant et d'un lépreux, la résurrection plus merveilleuse encore d'une jeune fille grandirent tellement le Saint dans l'esprit du peuple qu'on accourut en foule pour l'entendre. Sous sa brûlante parole, ces malheureux païens semblaient s'éveiller d'une longue léthargie ; ils secouaient leur torpeur mortelle et partout, comme une traînée de poudre, l'amour de Dieu s'enflammait dans leurs cœurs.

Le succès était trop grand pour que l'enfer ne s'en émût pas et ne mît pas tout en jeu afin de l'arrêter : il n'y manqua pas, et par malheur il y réussit entièrement.

Les brahmes avaient été dans l'Inde les plus redoutables adversaires de Xavier. Aveuglés par leurs intérêts, la plupart ne se laissaient point convaincre ; d'autres reconnaissaient bien la vérité, mais dès qu'on leur parlait d'embrasser le christianisme, ils répondaient : « Que dirait-on autour de nous ? Et puis comment nourririons-nous nos familles ?» Sur quoi, ils continuaient à croupir dans l'erreur.

Au Japon, les bonzes s'aperçurent bien vite que la nouvelle religion compromettait leurs intérêts. Ils se liguèrent contre elle, attaquèrent ses dogmes, décrièrent ses apôtres sans se lasser jamais. A Saxuma, ils surent si bien circonvenir le roi que ce prince, revenant sur son précédent édit, décréta peine de mort contre quiconque changerait de religion. La mesure porta ses tristes fruits. Après avoir raffermi les premiers néophytes, qui tous persévérèrent généreusement, Xavier, voyant qu'il n'était plus nécessaire pour cultiver ce champ, le confia à P. de Sainte-Foi et il partit à pied avec ses compagnons pour Firando (sept. 1550.)

*
* *

En s'y rendant, il fit des conversions assez nombreuses, notamment dans une place forte commandée par un prince que les premiers historiens nomment Ekandono. Désireux de se concilier la faveur des Portugais, le roi de Firando reçut l'apôtre avec honneur. A cet accueil, celui-ci comprit que la nouvelle mission serait facile à établir ; il en remit donc tout le soin au P. Cosme de Torrez et, poussant plus avant, il résolut d'aller prêcher l'Évangile au cœur même du pays, à Méako, résidence officielle du Mikado.

Ce voyage fut aussi pénible qu'infructueux. Xavier demeura deux mois en route, au gros de l'hiver, obligé de traverser par un froid intense des pays sauvages où il s'égarait très souvent. Ses jambes étaient en sang, la fièvre le dévorait ; mais il n'en continuait pas moins, semeur infatigable, à jeter la bonne semence à pleines mains dans tous les villages où il passait : il ne recueillit guère en retour que des outrages ; deux fois même on faillit le lapider, mais la Providence le sauva. — A Amanguchi, il prêcha tout un mois sans succès. A Méako (février 1551), c'est à peine si on voulut l'entendre. Il rentra donc à Firando, où une foule de conversions amenées par ses brillantes discussions avec les bonzes ne tardèrent pas à le consoler de la stérilité de cette pénible excursion. Amanguchi finit par s'ébranler à son tour et compta bientôt jusqu'à 3,000 chrétiens dans son sein. Xavier comprit alors, aux moissons qu'il voyait blanchir dans la plaine, que l'heure était arrivée d'aller recruter aux Indes quelques nouveaux ouvriers. Il laissa en conséquence le P. de Torrez et le P. Fernandez à Amanguchi, — où la persécution allait brusquement les surprendre, — et il se dirigea vers la côte pour regagner Goa. (15 sept. 1551.)

La route qu'il devait suivre traversait un des nombreux petits royaumes du Japon, celui de Bungo. Escorté des gens de son ami Édouard de Gama, venu lui aussi à sa rencontre, Xavier parut en grande pompe à la cour du prince qui gouvernait cet état. Il y soutint dans la suite plusieurs disputes célèbres avec un bonze d'une subtilité vraiment remarquable, nommé Fucarandono : l'avantage lui resta, ce qui le rehaussa singulièrement dans l'estime générale et entraîna des conversions si nombreuses qu'il passait parfois des journées entières à baptiser. C'étaient les dernières âmes que François glanait sur cette terre où il avait déraciné l'idolâtrie, et quelques jours après, — 20 novembre 1551 —, il quittait le Japon, après y avoir séjourné vingt-huit mois.

***

Le retour à Goa fut des plus périlleux : surpris par les typhons, le navire demeura cinq jours en perdition ; il faisait eau de divers côtés et coulait même déjà, quand les prières du Saint le relevant, le tirèrent complètement de danger. Mais une chaloupe, montée par quinze hommes, avait disparu pendant la tourmente : pas de doute qu'elle n'eût été submergée…François annonça néanmoins qu'elle accosterait de nouveau le bord et en effet, trois jours après on là vit ramer vers le navire, où les naufragés furent reçus avec des cris de joie. — Chose étonnante, ils déclarèrent qu'ils n'avaient jamais eu un seul instant de crainte, parce que, à la barre pour les conduire ils avaient vu Xavier, et Xavier pourtant n'avait point quitté le vaisseau.

Après avoir fait escale à Sancian, à Cochin et à Malacca, on mouilla devant Goa, au mois de février 1552.

François ramenait au séminaire quelques jeunes Japonais. Il trouva la mission dans un état fort prospère : d'Ormuz aux Moluques et à Célèbes, l'œuvre de Dieu se poursuivait au prix de grandes fatigues sans doute, mais avec le plus consolant succès : l'évêque de Goa avait tenu à en écrire de sa propre main au P. Ignace et il l'avait fait dans les termes les plus élogieux.

Malheureusement à Goa même, le P. Gomez, recteur du collège, avait par ses imprudences, par son injustice et par ses orgueilleux emportements donné un scandale profond.

Le Saint crut devoir faire un exemple et, sans égard pour les fonctions importantes que Gomez venait d'occuper, il le chassa de la Compagnie. Le P. Gaspard Barzée, rappelé d'Ormuz, prit la place de ce supérieur infidèle, avec la double charge de recteur du collège et de vice-provincial des Indes, — car les Indes formaient depuis peu une province distincte de celle du Portugal. François distribua ensuite plusieurs des Pères du collège dans les diverses parties de la mission, il envoya André Fernandez en Europe pour

exposer l'état des choses à Ignace, à Jean III
et au Pape ; puis, un mois à peine après son
retour à Goa (jeudi-saint, 14 avril 1552), il se
rembarqua de nouveau.

C'était vers la Chine qu'il cinglait. Il navi-
guait avec son ami Jacques Pereyra qu'il
avait fait nommer ambassadeur dans le Cé-
leste empire par le vice-roi, don Alphonse de
Norogna.

Une fois de plus il vogua donc sur ces mers
dangereuses que si souvent il avait sillonnées
déjà. On eût dit d'abord que les vagues reconnaissaient le Saint et se courbaient doci-
lement à son approche, tant la traversée fut
belle jusqu'à Sumatra. A cette hauteur une
violente tempête se déchaîna ; mais François
déclara qu'on n'en avait rien à craindre et le
soir même, au soleil couchant, on jetait l'ancre
dans le port.

La ville était dans une désolation complète :
une peste terrible la ravageait. Devant ce
deuil, comme s'il eût oublié la Chine, Xavier

ne s'occupa plus que des pestiférés. Il allait par les rues les ramasser avec ses frères, il en remplit même le collège des Jésuites et, lorsqu'il n'y trouva plus de place, il fit élever sur le rivage de grandes barraques pour qu'on pût au moins les y abriter. Que de fois ces malheureux ne trouvèrent-ils pas la santé entre ses bras ! Il ressuscita même un jeune homme qui par reconnaissance se consacra à Dieu dans la Compagnie de Jésus.

Enfin le fléau cessa. Le Saint voulut alors continuer sa route vers la Chine ; mais, par une cupidité jalouse, le gouverneur, don Alvare d'Atayde, s'y opposa. Il jeta l'embargo sur le navire dont il se fit remettre le gouvernail. Pendant plusieurs semaines, Xavier épuisa toutes les démarches pour triompher de cette mauvaise volonté. Peine inutile : don Alvare demeura inflexible absolument.

L'indulgente bonté de Xavier n'était pas de la faiblesse, nous l'avons vu déjà. Depuis qu'il travaillait aux Indes, nul n'avait soupçonné sa qualité de nonce apostolique, car il n'avait montré à personne les bulles papales, sauf à l'évêque de Goa. Mais dans cette extrémité, comme la gloire de Dieu était engagée et que c'était contre sa diffusion même que le gouverneur s'élevait, il fit usage de ses pouvoirs: par son ordre et en son nom, le vicaire-général de Malacca excommunia donc Alvaré d'Atayde et tous ceux qui le secondaient.

L'infortuné gouverneur ne se soumit pas. Comprenant que l'ambassade était définitivement arrêtée, François résolut de partir pour Sancian, île ouverte au commerce, et de passer de là en Chine, dès qu'il le pourrait. Mais l'entreprise était fort dangereuse ; c'était aux chaînes, à la mort même peut-être qu'on allait se vouer. Aussi François voulut-il être le seul à s'y exposer. Il envoya au Japon les religieux qui l'accompagnaient, à l'exception d'un seul, Chinois de naissance, le F. Antoine de Sainte-Foi, et il fit voile pour Sancian.

Au cours de cette traversée, qui dura plus de trois semaines, Xavier changea l'eau de mer en eau douce, dont on manquait à bord. Quelque temps après, un enfant de cinq ans tomba dans les flots et s'y noya. Son père était mahométan. Sur la promesse que fit cet homme, de recevoir le baptême avec sa famille si son fils lui était rendu, le Saint se mit en prière : au bout de trois jours, un matin, aux premières clartés de l'aurore, l'enfant reparut tout souriant sur le tillac... Ces merveilles se continuèrent à Sancian, quand on y eut atterri : Xavier purgea l'île des tigres qui l'infestaient, il y fit plusieurs prophéties et il y ressuscita un mort.

****

Cependant la Chine, dont le Saint apercevait les côtes à l'horizon, demeurait fermée devant lui. Les Portugais refusaient obstinément de l'y transporter. Peu à peu, le trafic terminé, leurs navires s'éloignèrent, et bientôt il n'en resta plus qu'un à Sancian. L'apôtre était décidé à partir avec ce vaisseau pour rejoindre près de Malacca une ambassade Siamoise qui devait se rendre en Chine un peu plus tard, quand Dieu l'appela à la récompense des élus.

****

François avait quarante-six ans à peine et il n'était aux Indes que depuis dix ans et demi.

Quand on déploie une carte et qu'on embrasse du regard les pays que notre Saint a évangélisés, en face de ce travail immense l'imagination reste confondue. Comment en si peu de temps un seul homme a-t-il pu mener une telle œuvre à bonne fin ?

C'est qu'à cette œuvre cet homme avait été prédestiné par Dieu et qu'ouvrier fidèle, il se dévoua à la tâche avec une héroïque magnanimité. Il ne faut pas chercher d'autre réponse: celle-là seule explique tout.

Au point de vue naturel, Xavier avait reçu des mains divines les qualités superbes qui font le conquérant et l'apôtre, c'est-à-dire ceux qui subjuguent l'homme autour d'eux.

Du conquérant il avait la vigueur robuste, le coup d'œil sûr, l'intelligence vive, la volonté de fer ; de l'apôtre il possédait l'âme ardente, le langage de feu, la compassion profonde et l'irrésistible aménité.

Dieu couronna ces qualités si belles de ses dons surnaturels les plus précieux: la connaissance des secrets de l'âme, l'esprit prophétique, le don des langues, la vue de ce qui se passait au loin. Quant au miracle, on put croire que le ciel l'avait en permanence attaché au service de François Xavier ; car, sans parler des innombrables malades qui durent la santé à notre saint (¹), il semblait régner en maître sur les éléments ainsi que sur les plus mortels fléaux ; maintes fois il apaisa la tempête ; à son ordre, les filets de pauvres pécheurs japonais se remplirent comme jadis ceux de Pierre à Génésareth, la sécheresse disparut à Ulate, et la peste finit à Malacca et à Manar.

A ces miracles la présence du Saint n'était pas toujours indispensable, il suffisait souvent qu'on eût en mains un objet dont il se fut servi. La discipline sanglante, le livre de prières qu'il laissa dans la forteresse d'Ekandono firent ainsi bien des merveilles : à la Pêcherie son chapelet, son reliquaire n'en

---

1. Pour ne citer qu'une ville, nous lisons dans le P. Bouhours : « Jamais le saint ne fit tant de miracles à Malacca. Les dépositions juridiques de ce temps-là portent que tous les malades qu'il touchait guérissaient et que ses mains semblaient avoir une vertu salutaire contre toutes sortes de maux. » *Vie de saint Fr. Xavier*, Livre IIIᵉ.

opérèrent pas moins. Mais nul objet n'eut à
ce propos plus de puissance que son pauvre
et bien-aimé crucifix. On sait comment pendant un orage l'ayant laissé tomber dans les
flots, François se le vit, quelques jours après,
miraculeusement rapporter par un crabe sur
le rivage de Baranura, où il se promenait avec
un de ses amis.

La mort elle-même lui fut soumise, et peu
de saints parlèrent à cette souveraine avec
une si impérieuse autorité. Pour ne pas reve-
nir sur ce qui a été dit déjà au cours de ce
récit, François ressuscita une jeune fille à
Malacca et une autre à Kagoxima; à Travancor,
il rappela à la vie deux femmes et un jeune
adolescent ; — près de Ceylan, un petit mahométan, à la Pêcherie Antoine Miranda son
catéchiste, un enfant et deux jeunes gens
furent par lui arrachés au tombeau.

— Un jour, à Coulan, près du cap Comorin, il prêchait à la foule et ne parvenait pas à
l'émouvoir. Tout à coup, le visage enflammé,
il s'arrête : « Puisque vous n'en croyez pas ma
parole, dit-il, quel témoignage voulez-vous? »
Et avant qu'on lui réponde: « Allez, ouvrez le

tombeau que vous avez scellé hier ; retirez-en le cadavre que vous y avez enfermé et apportez-le ici. » — On obéit, non sans quelque répugnance, car sous ce climat brûlant, le cadavre était déjà à moitié décomposé. En le voyant, leSaint se jette à genoux ; puis, après avoir adoré Dieu profondément, il se redresse et d'une voix forte: « Au nom du Dieu vivant et pour preuve de la religion que je prêche, je te l'ordonne, lève-toi. »

Alors, au milieu de la terreur générale, celui que le linceul recouvre frissonne dans son suaire, le rejette et reparaît plein de vigueur.

Plus touchante encore fut la résurrection de François Ciavus, à Malacca. Unique espoir de sa vieille mère, ce jeune homme était mort empoisonné. Xavier se trouva sur le passage du convoi funèbre, comme le Sauveur du monde aux portes de Naïm. Les larmes de la mère le touchèrent ; les larmes de la veuve israélite n'avaient-elles pas touché Jésus ? Xavier s'approcha donc du cadavre et le prenant par la main: « Au nom de Jésus-Christ, lui dit-il, François, relevez-vous. » Et, à cet écho de la parole toute-puissante du maître, la pauvre mère radieuse recouvra son fils !

*
* *

Dieu accorda donc un pouvoir surhumain à l'ouvrier qu'il s'était choisi. Mais si grand que fût ce pouvoir, l'homme restait sous le saint. Avec l'humble simplicité des grandes âmes, Xavier écrivait aux Pères de Rome au moment de partir pour l'île du More dont les habitants, lui assurait-on, étaient de la dernière férocité.

« *Qui voudra sauver son âme la perdra, et qui la perdra pour l'amour de moi, la trouvera.* » Croyez-moi, mes très chers frères, quoique cette maxime évangélique soit en général aisée à comprendre, cependant quand le temps de la pratique est venu, quand il s'agit de mourir pour Dieu, toute claire qu'elle est, elle devient fort obscure, si bien que celui-là seul en a l'intelligence à qui Dieu la donne miséricordieusement ; tant la nature humaine est fragile ! tant alors on le comprend bien ! »

Dans les bas-fonds de cette faible nature, le Saint retrouvait donc toutes les répugnances instinctives, toutes les révoltes dont nous souffrons. Il devait craindre la fatigue, les persécutions et l'insuccès. Or, quelles ne furent pas ses fatigues, au cours des voyages que nous avons rapportés ! Et cependant il en accomplit bien d'autres qui ne nous sont qu'incomplètement connus ? Trois fois, il fit naufrage, et nous savons qu'à la suite de l'un d'eux, il resta pendant soixante-douze heures sur une planche, ballotté dans tous les sens par les flots.

Les persécutions ne lui manquèrent pas davantage. Rudement frappé par les démons à Malacca, traqué comme une bête fauve au Malabar, poursuivi par le feu au Travancor, sur le point d'être lapidé au Japon, il fut blessé en outre d'une flèche près le cap de Comorin. Quant à ses insuccès, on se rappelle ceux qu'il éprouva à Rosalao, à Amanguchi et à Méako.

Pourtant, c'est inébranlable qu'on l'aperçoit toujours. Rien ne l'émeut ni ne le décourage ; son âme est une âme de bronze, mais d'un bronze rendu brûlant par l'amour.

La prière était le foyer auquel il recourait pour entretenir ce feu de l'amour dans son cœur. En mer, il faisait habituellement oraison depuis minuit jusqu'à l'aube ; sur terre, il prenait volontiers son repos dans les églises, couché sur le marchepied d'un autel, afin d'être plus près de la Très-Sainte-Eucharistie et de l'adorer amoureusement après un court sommeil. Ses extases étaient fréquentes et souvent publiques, car c'était généralement lorsqu'il avait la divine hostie entre les mains, à l'élévation ou à la communion, qu'on le voyait s'élever de terre et, le front rayonnant de lumière, entrer dans d'ineffables ravissements. Qui ne se souvient de sa charité envers les prisonniers, les malades, envers tous ceux qui souffraient ? — Son obéissance vis-à-vis de saint Ignace était l'obéissance simple et candide d'un enfant. Quant à son humilité, elle était telle qu'il ne se croyait utile à rien ; si Dieu bénissait les œuvres qu'il entreprenait, il en rapportait tout le mérite à ceux dont les prières seules, disait-il, avaient tout fait.

Ce mépris de lui-même l'entraînait à d'effrayantes austérités. Il dormait sur la terre nue et ne s'accordait le plus souvent que trois ou quatre heures de sommeil. Ses jeûnes étaient nombreux: en se rendant à

Méliapour, il resta toute une semaine sans prendre ni aliment, ni boisson. Aux Indes, il ne se nourrissait guère que de riz et de poisson salé; au Japon, il se condamna même au riz seul et à quelques racines amères pour gagner plus facilement ceux qu'il venait sauver. — Dieu soutenait son serviteur sans doute, mais le corps de l'athlète n'en était pas moins usé. L'heure de la récompense était proche d'ailleurs : l'apôtre allait bientôt être couronné.

*
* *

Xavier avait eu beaucoup à souffrir de la misère à Sancian : il y vivait dans une pauvre cabane et il y connut souvent la faim ; car soit par ordre de don Alvare, soit simplement par insouciance, les Portugais ne lui donnaient presque pas de nourriture. A la suite de ces privations, une fièvre intense l'avait saisi : il en était demeuré alité quinze jours, et il croyait s'en être délivré, lorsque, le 20 novembre 1552, une rechute se produisit tout à coup. La fièvre se compliqua d'une inflammation des poumons : le Saint eut la vision claire que c'était la fin et il en avertit ses amis.

On le transporta d'abord sur le navire :
le roulis lui étant insupportable, on le redes-
cendit ensuite à terre où on l'abandonna
impitoyablement sur le sable, malgré le vent
très aigre qui soufflait du nord ce jour-là.
Xavier aurait expiré de froid sur le rivage si un
Portugais, Georges Alvarez, touché de compassion à ce spectacle, ne l'eût pas fait conduire dans une hutte qui lui appartenait : gîte
bien précaire d'ailleurs et dont la toiture de
chaume, comme les murailles, était crevassée
de toutes parts. Le remords, plutôt que la pitié
y amena le chirurgien du navire ; cet homme
était fort malhabile en sorte que les saignées
qu'il opéra augmentèrent les souffrances du
malade, sans nul profit. Le délire se déclara :
Xavier n'y parlait que de Dieu et de la Chine,
tant son cœur en était rempli ! Puis, il perdit
la parole durant trois jours. Sa faiblesse était
si grande qu'Ant. de Sainte-Foi, qui le soignait,
s'attendait à le voir trépasser à chaque instant;
pourtant le dernier jour de novembre il reprit
connaissance et se remit à parler. A moitié
suffoqué par le mal qui brûlait sa poitrine, il
répétait doucement : « Jésus, fils de David,
ayez pitié de moi. — O Très-Sainte-Trinité !

— Mère de Dieu, souvenez-vous de moi ! »

Le Dieu de l'Eucharistie ne vint pas visiter le mourant sur la natte misérable où il allait expirer. L'agonie de Xavier fut donc bien solitaire ; elle n'eut presque pas d'autres témoins que les anges, elle n'eut pas d'autre consolateur que le crucifix : comme si à ce soldat de la croix la croix seule avait voulu ouvrir le paradis ! C'est, en la regardant avec des yeux remplis de larmes, que le vendredi 2 décembre, un peu après midi, le Saint poussa son dernier cri d'amour sur la terre. — « Jésus, Dieu de mon cœur (1) ! » dit-il, et il mourut. (2 décembre 1552.)

1. P. Tursell, *Vita. S. Fr. Xaverii.* Lib. V, cap. XI.

Imprimé par la Société Saint-Augustin, Bruges.

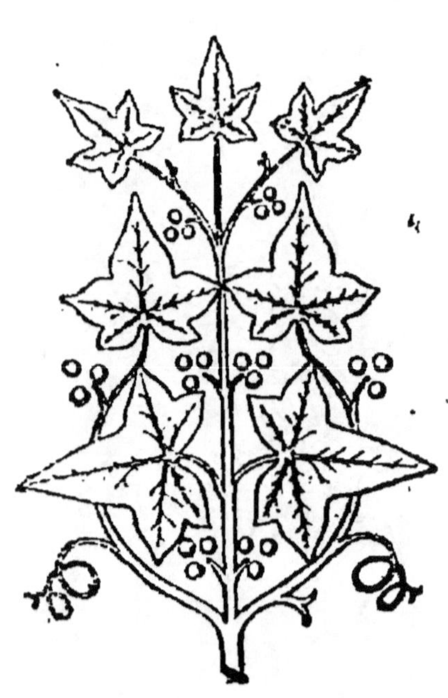